AF586652

LIVRE

POUR

UNE PETITE FILLE BIEN SAGE,

IMPRIMÉ EN QUATORZE CARACTÈRES DIFFÉRENS,

ORNÉ DE QUATORZE GRAVURES,

Exécutées à la manière du crayon, d'après les procédés Lithographiques de C. Engelmann, destiné à perfectionner les enfans dans la lecture et à leur inspirer le goût du dessin.

A PARIS,

Chez NEPVEU, Libraire, passage des Panoramas, N°. 26.

1817.

IMPRIMERIE DE J. L. SCHERFF, PASSAGE DU CAIRE,
N°. 54.

Tous les biens d'ici bas, la santé, la richesse,
Dépendent-ils de nous? on les doit au hasard.
Un instant les détruit; on les perd tôt ou tard.
Le seul bien qui nous reste, Enfans c'est *la sagesse*.

Pour vivre sans chagrin, *le sage* considère
Non au-dessus de lui, mais toujours au-dessous.
Pour ne trouver jamais votre destin contraire,
Regardez ceux qui sont plus malheureux que vous.

Qui n'a pas ses malheurs dans le monde où nous
sommes?
Hélas! c'est une loi commune à tous les hommes:
Le sage, s'il ne peut, toujours s'en exempter,
S'en attire bien moins, ou sait les supporter.

Rien de trop: retenez cet avis salutaire,
L'excès même du bien se change en un défaut.
Le sage, sur tous points, ne fait que ce qu'il faut;
Et toujours rien de trop est sa règle ordinaire.

Morel de Vindé.

Voyez ces Pincettes, elles servent à arranger la cheminée de la petite Caroline.

Voici une lampe en bronze pour éclairer l'antichambre où Caroline joue.

La lampe — Les pincettes

Le pot à l'eau — La table

Cette belle table ronde est disposée pour y placer les joujoux de Caroline, et ce Pot de porcelaine contient du bon lait pour le déjeûner de Caroline.

Voici des Instrumens de musique qui amusent beaucoup Caroline lorsqu'elle se met à la fenêtre pour voir passer la garde ou entendre un pauvre musicien.

Le cor de chasse antique — Le croissant

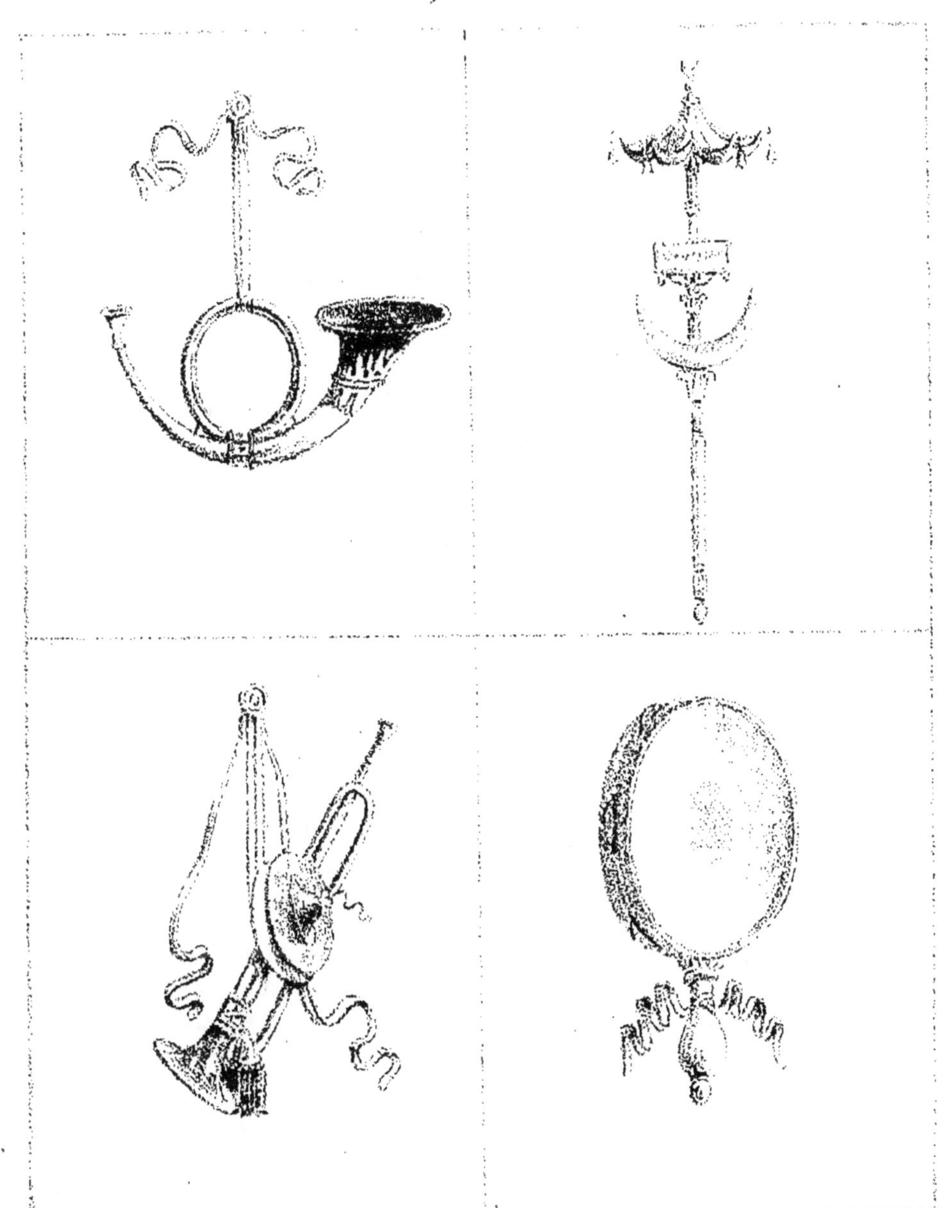

La trompette et les cimbales — Tambour de Basque

L'un de ces instrumens est un Cor de chasse un peu différent de ceux qu'on emploie maintenant.

L'autre un Instrument à grelots, assez bruyant, que nos soldats ont imité de ceux usités en Egypte.

Le troisième est une Trompette placée derrière de petites Cymbales.

Le quatrième est un Tambour de basque.

La petite Caroline mangeait son déjeûner lorsqu'elle vit un oiseau nommé *Rouge-gorge*, posé sur un tronc d'arbre très-près de la maison, elle ramassa bien vîte les miettes de pain qui étaient tombées de son déjeûner et les jeta par la ſenêtre ; aussitôt que l'oiseau apperçut le pain, il sauta dessus et se mit à béqueter les miettes, mais Caroline empressée

Bouvreuil

de lui montrer combien elle avait de plaisir à le voir, lui jeta encore des miettes ce qui effraya le *Rouge-gorge*, et il s'enfuit; cela fit de la peine á la petite Caroline qui s'était amusée à le voir saisir les miettes qu'elle lui avait jetées. Sa maman lui promit, pour dissiper son chagrin, de lui acheter un oiseau tout semblable.

Caroline voit ici la gravure qui représente l'Autruche. C'est un gros oiseau qu'elle a vu bien des fois au Jardin des plantes.

Les grandes plumes de cet oiseau sont employées par la Marchande de modes pour orner les chapeaux de Caroline et de sa maman.

L' Autruche

Cet oiseau court très-vîte mais ne vole pas, ce qui étonne beaucoup la petite Caroline qui ne peut s'imaginer comment ses aîles peuvent lui servir lorsqu'il court.

Comme Caroline a été bien sage, sa maman lui a promis de lui acheter une belle Poupée ornée d'un chapeau à plumes.

Voici un Pot de fleurs que le Jardinier du Château a apporté pour que la petite Caroline puisse l'offrir à sa maman le jour de sa fête.

Il faudra avoir bien soin de l'arroser pour que les fleurs et la tige ne se fan-

Le pot de fleurs

nent point, et pour que la maman de la petite Caroline ne puisse pas dire que sa fille a négligé un pot de fleurs qui lui était destiné.

Le Jardinier sera bien content de voir ses fleurs présentées par une jolie fille.

Voyez cette Rose, elle cache des épines qui piqueront les doigts de Caroline si elle la cueille; mais voilà des Fleurs et des Fruits dans deux belles Corbeilles, et si ce Papillon

Le Rosier et les deux corbeilles

vient s'y reposer, Caroline le prendra et le mettra dans sa petite maison de carte, où il restera jusqu'à ce qu'il plaise à la petite Caroline de l'en faire sortir.

Voici l'Homme qui bat du tambour, c'est celui que la petite Caroline a vu aux Champs-Élysées, lorsque les soldats faisaient l'exercice. C'est encore lui que l'on voit passer le soir sur

L'homme qui bat du tambour

les boulevards, lorsqu'il bat la retraite, et sa maman le lui fera encore voir dimanche prochain, quand elle conduira sa petite Caroline pour lui faire voir passer la revue.

Ah! voici la Grille du Parc où le papa et la maman de la petite Caroline vont passer la belle saison. Je crois apercevoir la Jardinière qui passe sur la grande route avec un

La grille du parc

panier sur sa tête, et je présume que ce panier contient des fruits qu'elle apporte pour le goûter de la petite Caroline, qui ira la remercier aussitôt qu'elle sera rentrée dans la maison.

Voici un Château dans lequel Caroline a couché une nuit, pendant qu'elle faisait un voyage avec son papa.

On aperçoit un Drapeau sur une des tours.

S'il n'y avait pas deux ponts pour entrer dans ce Château

Chateau fort.

fort, on ne pourrait y parvenir que bien difficilement.

Il est entouré d'eau et hérissé de rochers. Il domine sur toute la plaine. Il est bien éloigné du village et cependant les Paysans y vont danser tous les dimanches.

Voici un coin de la Galerie de marbre où Caroline s'amuse avec la poupée dont elle a serré les robes dans ce petit coffre à tiroirs.

Table, Chaise, coffre, statue

Voilà une Chaise, la grosse Table de pierre et la belle Statue de marbre. C'est ici l'endroit où l'on vient prendre le frais pendant l'été.

Nous voyons ici un Batelier qui se tient toujours prêt à laisser entrer dans son bateau ceux qui veulent passer de l'autre côté de la rivière. Il n'en

Le passeur d'eau

coûte qu'un sol par personne.

Vous apercevez un Monsieur qui s'approche du rivage et que le Batelier vient trouver.

Si le Monsieur que nous venons de voir avait voulu aller plus loin, il aurait passé sur ce pont et il ne lui en aurait rien coûté pour passer la rivière.

Au bas de ce pont est une Chaumière où Caroline a

Le pont

été avec sa bonne acheter du poisson qu'on a servi à dîner le jour où M. le Curé est venu. Voyez les Pêcheurs dans leur bateau avec leurs filets. Ils sont occupés à les retirer et à voir s'ils ont fait une bonne pêche.

Voici un Berger qui garde des moutons. Il est près de la ferme appelée les Trois Arbres ; c'est un bien joli endroit où Caroline va souvent promener avec sa maman et ses bonnes amies.

La Fermière y a plus d'une fois préparé de bons déjeûners

Un Berger

de fromage à la crême et de galette pour régaler les petites filles qui lui font des amitiés. C'est le petit garçon de la Fermière qui a apporté à Caroline ce joli nid de Bouvreuils qui sont maintenant dans la volière du Château.

Caroline reconnaît la belle Maison de campagne et le beau Château où sa maman va passer le printems, l'été et une bonne partie de l'automne. C'est là que tous les pauvres gens du village et des environs trouvent des secours en argent, en

La maison de campagne

bled, en pommes de terre et en légumes, lorsque l'on sait que ce n'est point par paresse et par fainéantise qu'ils se sont mis à demander l'aumône, et qu'ils ont des certificats de leur Maire et de leur Curé.

www.ingramcontent.com/pod-product-compliance
Lightning Source LLC
LaVergne TN
LVHW011958160826
845678LV00002B/600

* 9 7 8 2 3 2 9 6 8 2 9 3 8 *